LA
CONVENTION DU 15 SEPTEMBRE

PARIS. — IMP. DE Vve GOUPY ET Ce, RUE GARANCIÈRE, 5.

LA

CONVENTION DU 15 SEPTEMBRE

PAR

LE COMTE ANATOLE LEMERCIER,

ANCIEN DÉPUTÉ.

PARIS

CHARLES DOUNIOL, LIBRAIRE-ÉDITEUR,

20, rue de Tournon.

1864

LA

CONVENTION DU 15 SEPTEMBRE

La convention du 15 septembre dernier entre la France et l'Italie sert de thème, en ce moment, comme on devait s'y attendre, à la polémique de tous les organes de l'opinion. C'est un des signes caractéristiques de cette grande question de la Papauté qu'elle passionne immédiatement les esprits, soit dans le sens de l'attaque, soit dans le sens de la défense.

Je n'ai pas obtenu l'autorisation de publier à Paris un journal où j'aurais lutté à la fois en faveur de la religion et en faveur de la liberté; je ne suis plus député; mais privé de ces deux tribunes où j'aurais exposé mes idées sur l'acte important du 15 septembre, j'ai cru pourtant que j'avais un devoir à remplir, et c'est pour l'accomplir que je publie ces lignes. Il m'a semblé qu'il était utile de venir rappeler les promesses solennelles qui m'ont été faites par les organes du gouvernement au début de la guerre d'Italie. Ce n'est donc pas seulement la voix d'un catholique que je tiens à faire entendre, c'est celle de l'ancien député, qui a eu un jour l'honneur insigne et immérité de parler au nom de la France catholique, et qui a obtenu des ministres de l'Empereur les réponses les plus précises et les plus satisfaisantes au sujet du pouvoir temporel du Pape.

J'examinerai ensuite si les conséquences de la nouvelle convention franco-italienne, dans l'hypothèse de son exécution, ne seraient pas forcément en opposition avec les promesses et les engagements de 1859 et de 1860.

En 1859, les Montalembert, les Falloux, tous les grands catholiques autorisés à élever la voix au nom des intérêts de l'Église, ne faisaient plus partie du parlement national; les Kolb-Bernard, les Keller n'y étaient pas encore entrés; je dus, obscur défenseur de la plus grande des causes, prendre la parole pour signaler les dangers que la guerre d'Italie allait faire courir à la Papauté.

Je le fis en ami loyal du gouvernement; je n'exprimai aucune défiance contre les intentions; je me bornai à dire : « Vous voulez soustraire l'Italie à l'influence autrichienne, soit; mais prenez garde, dans cette péninsule où vous allez porter les armes, d'ébranler une auguste institution dont nous sommes, depuis Charlemagne, les constants protecteurs! Prenez garde de compromettre ce que la vieille France a fondé et ce que la France moderne a glorieusement maintenu! » Avais-je tort de jeter ce cri d'alarme? Chacun peut le dire aujourd'hui après les événements qui se sont accomplis, après les violences de la révolution, les attentats de la Sardaigne, les faiblesses de la politique française.

En 1859, le parti conservateur était uni et compact. Les hommes éminents qui avaient gouverné la France sous un autre régime, retenus loin des Tuileries par des souvenirs et des affections dignes de respect comme par le sentiment de leur propre dignité, étaient les premiers à applaudir aux succès de la Crimée et aux gloires de la paix de Paris. Dans les deux Chambres, nous étions unanimes pour défendre cette sage politique, et si plusieurs aspiraient au couronnement de l'édifice, pour me servir d'une expression fameuse, je dois avouer que nous étions parmi nos collègues du Sénat et du Corps législatif en minorité évidente.

L'abominable attentat de 1858 avait resserré autour du pouvoir toutes les nuances conservatrices, et l'on m'a assuré que le lendemain du crime le duc Pasquier et l'un des plus illustres représentants de l'ancienne noblesse avaient inscrit, pour la première fois depuis l'Empire, leurs noms aux Tuileries, non pour abdiquer leurs opinions, mais pour protester contre l'assassinat et témoigner ainsi qu'en face des éternels ennemis de la société, ses défenseurs seraient toujours prêts à se grouper autour du pouvoir dans un intérêt de conservation et d'honneur national.

L'épiscopat, de son côté, se montrait reconnaissant de l'attitude du gouvernement vis-à-vis de l'Église; le clergé manifestait les mêmes sentiments que ses chefs vénérés; enfin, *l'Ami de la Religion* et *l'Univers*, chacun avec sa nuance particulière, défendaient les vérités religieuses sans attaquer l'Empire.

Que nous sommes loin aujourd'hui de cet heureux accord des conservateurs, et qui serait assez aveugle pour ne pas voir que les dissentiments survenus sont sortis de la question romaine?

Je ne prétends pas que d'autres causes n'aient accru et envenimé le différend; hélas! il ne faudrait pas connaître les hommes pour nier que le premier motif de division entre les gens les mieux faits pour s'entendre en engendre presque toujours beaucoup d'autres, et que la rupture s'aggrave par la marche même du temps et par la discussion. Je n'ai donc pas l'illusion de croire que si la question romaine était résolue demain dans le sens le plus favorable à la Papauté, tous les motifs de désaccord entre les conservateurs et le gouvernement disparaîtraient comme par magie. Non, la confiance perdue revient difficilement. Mais si je n'ai pas l'espérance de voir se rétablir la situation de 1858, je suis trop bon citoyen pour ne pas avertir le gouvernement que si la diminution du pouvoir temporel du Pape l'a déjà profondément séparé des conservateurs, la destruction de ce pouvoir aurait des conséquences bien autrement graves pour l'Empire lui-même.

Après les admirables écrits de tous les évêques de la catholicité, après les livres et les discours des hommes les plus éminents et des orateurs les plus illustres, il n'y a plus rien à dire sur le côté religieux de la question. Il est désormais établi d'une manière irréfutable que l'indépendance spirituelle du Pape est l'essence même de la Papauté et que le pouvoir temporel est le gage indispensable du pouvoir spirituel. Je ne m'arrête pas à prouver l'évidence, je tiens à examiner exclusivement, dans ces pages rapides, le côté politique et français de la question.

Qu'on me permette de remonter à cinq ans en arrière :

Le 30 avril 1859, dans la discussion sur l'emprunt des 500 millions pour la guerre d'Italie, je me levai pour demander au gouvernement s'il avait pris toutes les précautions nécessaires afin de garantir la sécurité du saint Père dans le présent, l'indépendance du Saint-Siége dans l'avenir ?

Voici la réponse que me fit M. Baroche; je copie le compte rendu officiel :

« Il fait observer que le préopinant vient lui-même de répondre à la question qu'il avait posée, en rappelant des souvenirs que le gouvernement de l'Empereur se gardera bien d'oublier. Si M. Lemercier ne s'était pas ainsi réfuté lui-même, M. le Président du conseil d'État n'aurait pu s'empêcher d'exprimer devant la Chambre son étonnement au sujet du doute que l'on pourrait avoir sur la conduite du gouvernement. Aucun doute n'est possible à cet égard. Le gouvernement prendra toutes les mesures nécessaires pour que la sécurité et l'indépendance du Saint-Père soient assurées au milieu des agitations dont l'Italie serait le théâtre. »

Est-ce assez clair et assez positif? Et, pourtant, — mes souvenirs sont certains à cet égard, — la déclaration parlée du ministre avait été plus formelle encore que ne l'était la déclaration imprimée; j'affirme que les mots *pouvoir temporel* ont été prononcés, mais je reconnais qu'il n'y a d'officiel que le compte rendu publié par les soins du président du Corps législatif, et j'ajoute que je m'en contente.

Mais ce n'est pas tout. Le 2 mai suivant, le ministre des cultes adressait aux évêques de France une circulaire pour protester du respect avec lequel seraient toujours traités les droits du Saint-Père; et l'Empereur lui-même, dans sa célèbre proclamation du 4 mai, s'exprimait ainsi : « Nous n'allons pas en Italie fomenter la discorde *ni ébranler* le pouvoir du Saint-Père que nous avons replacé sur son trône, mais le soustraire à cette pression étrangère qui s'appesantit sur la Péninsule, et contribuer à y fonder l'ordre sur des intérêts légitimes satisfaits. »

Je ne suppose jamais, lorsque les organes d'un grand gouvernement, et surtout lorsque le souverain lui-même, font entendre un langage aussi net, qu'ils puissent ne pas être décidés à tenir leurs engagements. C'était au printemps de 1859 que l'Empereur et ses ministres affirmaient leur intention de ne pas ébranler le pouvoir du pape, de respecter l'intégralité de ses droits, d'assurer sa sécurité et son indépendance, et cependant, dans les premiers mois de 1860, les Romagnes, soulevées par des intrigues dont le monde a connu les détails, les Romagnes étaient soustraites à l'autorité du Saint-Siége. Sentinelle des catholiques au sein de la représentation nationale, je ne pouvais me taire devant de pareils faits, et prenant de nouveau la parole, dans la séance du 11 avril, je terminai mon discours en posant les questions suivantes :

Le gouvernement est-il prêt à répéter sa déclaration de l'année dernière relativement au domaine temporel du Saint-Siége ?

Est-il toujours disposé à faire respecter le domaine temporel dans son intégrité ?

Est-on, dans ce cas, décidé à protester énergiquement contre l'annexion des Romagnes au Piémont ?

Voici les réponses de M. Baroche :

Après avoir rappelé lui-même la dernière phrase de sa déclaration de l'année précédente, il ajoutait :

« Par ces paroles, qui n'ont pas été légèrement prononcées, le gouvernement ne prenait d'autre engagement que celui qu'il précisait lui-même : de maintenir l'indépendance et la sécurité du Saint-Père. Le gouvernement désirait sans doute ardemment le maintien du pouvoir temporel du Pape ; mais au début de la guerre, garantir l'intégrité du pouvoir temporel du Pape, alors que plusieurs des provinces appartenant au Saint-Siége étaient occupées par l'Autriche, c'était un engagement que le gouvernement ne pouvait pas prendre et qu'il n'a pas pris. *Le gouvernement français considère le pouvoir temporel comme une condition essentielle de l'indépendance du Saint-Siége.* Le Pape ne saurait être réduit à la situation d'un évêque placé sous la domination d'un souverain. Mais la question du pouvoir temporel, le gouvernement l'a toujours dit et l'orateur le déclare de nouveau, n'est pas posée, *elle ne peut pas se poser.* A côté de la question du pouvoir temporel, il y en a une toute autre; c'est celle de l'étendue plus ou moins grande des États pontificaux. Le Pape aura-t-il une partie plus ou moins considérable du territoire italien; c'est là une question tout à fait indépendante de celle du pouvoir temporel, c'est ce que le gouvernement a toujours proclamé (1). »

Ainsi l'organe du gouvernement, tout en répétant ses déclarations de 1859, les modifiait considérablement. Il était évident, en effet, pour l'immense majorité de la Chambre, lorsque le ministre avait parlé en 1859 de la sécurité et de l'indépendance du Saint-Père, il était évident qu'il avait garanti sa situation d'alors, c'est-à-dire l'intégrité de son territoire. En 1860, le gouvernement, se référant au sens judaïque de sa déclaration précédente, réduisait la question à la possession d'un peu plus ou d'un peu moins de territoire, en déclarant toujours que dans sa pensée *le*

(1) Non, car le Prince-Président de la République disait, dans son Message du 7 juin 1849 à l'Assemblée législative : « Une fois à Rome, nous garantissions *l'intégrité* du territoire. »

pouvoir temporel était une condition essentielle de l'indépendance du Saint-Siége.

Plus loin, le président du conseil d'État revenait encore sur ce pouvoir temporel :

« Quant au pouvoir temporel, je répète que ce pouvoir étant un gage d'indépendance de la Papauté, *est en dehors de la discussion.* IL NE PEUT PAS ÊTRE DÉTRUIT. Il doit s'exercer dans des conditions sérieuses. C'est pour rétablir ce pouvoir qu'a été faite l'expédition de Rome en 1849. C'est pour maintenir ce même pouvoir que, depuis onze ans, les troupes françaises occupent Rome ; leur mission est de sauvegarder à la fois le pouvoir temporel, l'indépendance et la sécurité du Saint-Père. »

En réponse à ma dernière question relative aux Romagnes, M. Baroche déclarait que :

« La France n'est pour rien dans la séparation des Romagnes. Ce n'est ni manquer à la foi catholique, ni porter atteinte au principe du pouvoir temporel, que de proposer la restriction, la modification du pouvoir du Saint-Père sur les Légations et sur les Romagnes (1). »

Certes, ce langage n'était plus celui de 1859, mais il était encore favorable au pouvoir temporel, et s'il attestait l'embarras du gouvernement placé entre les ambitions ardentes du Piémont et les justes réclamations des catholiques, au

(1) Et cependant l'Empereur écrivait au Pape, le 31 décembre 1859 : « Les puissances ne sauraient méconnaître *les droits incontestables* du Saint-Siége sur les Légations. »

fond, il maintenait toujours fermement le principe. Et le président du conseil d'État termina son discours par cette phrase très-importante, qui n'a pas été assez souvent répétée et à laquelle, dans les circonstances présentes, j'attache plus de prix que jamais :

« Tout ce que peut déclarer l'organe du gouvernement, c'est que l'Empereur sera toujours un défenseur zélé et respectueux du pouvoir temporel du Saint-Père et qu'il saura remplir à la fois ses devoirs de souverain et de catholique. »

C'était au mois d'avril, je le répète, que ce langage était tenu, et au mois de septembre de la même année, les Marches et l'Ombrie étaient enlevées à l'État pontifical !

En 1861, en 1862, en 1863, mes honorables amis MM. de Flavigny, Koll-Bernard, Keller, Plichon, d'Andelarre, Ancel, et tant d'autres, ont démontré, avec une autorité qui me manque et d'une façon victorieuse, qu'il eût été facile à la France d'arrêter le Piémont dans cette usurpation nouvelle; je ne reviendrai donc pas sur ces débats épuisés. Ce que je voulais simplement établir, en rappelant une page du passé, c'est que si, après les engagements de 1859, les Romagnes ont été enlevées au Souverain-Pontife, après les déclarations de 1860, ce sont les Marches et l'Ombrie qui lui ont été arrachées dans le sang de Castelfidardo.

Je veux bien admettre que le gouvernement français a fait des efforts pour empêcher cette nouvelle diminution du pouvoir temporel, mais enfin elle a été consommée impunément, à portée de nos canons; et après quelques mois de rupture diplomatique, les relations intimes étaient renouées avec le gouvernement spoliateur.

Il n'y avait plus entre lui et nous que les réserves toutes platoniques du traité de Zurich : elles viennent elles-mêmes de disparaître par la convention du 15 septembre, qui sanctionne en bloc tout ce que nous avons blâmé en détail et qui donne au Piémont le plus inattendu comme le plus éclatant témoignage d'alliance et de solidarité.

Avant d'apprécier ce document diplomatique, je tiens à faire remarquer que le gouvernement français et ses contradicteurs catholiques dans les Chambres sont toujours tombés d'accord sur deux points : la nécessité de l'indépendance spirituelle du Souverain Pontife et la nécessité d'un pouvoir temporel comme gage indispensable de cette indépendance. Le débat semblerait donc réduit à une simple question de plus ou de moins, à un petit problème d'arithmétique; mais rabaisser ces discussions à la possession de quelques kilomètres, serait en méconnaître étrangement la nature et la portée. Il y a des questions supérieures qui se posent d'une manière absolue et qui, comme le *to be or not to be* du poëte, se résolvent d'une manière décisive dans un sens ou dans l'autre. Celle qui s'agite actuellement est du nombre; elle ne souffre pas de moyen terme, et ce qui a précisément alarmé les catholiques, c'est qu'ils ont compris dès le début, sans avoir besoin d'une grande dose de perspicacité, qu'une fois les États de l'Église entamés, les adversaires du Saint-Siége iraient jusqu'au bout de leurs prétentions, c'est-à-dire, jusqu'à l'absorption totale du territoire pontifical. Le gouvernement français de son côté, et, suivant moi, c'est une inconcevable erreur, s'est bercé de l'espérance qu'il pourrait arrêter les adversaires du Saint-Siége à un certain point, comme si, une fois lancé sur une pente, on était libre d'enrayer à volonté. Il a essayé, je veux le croire, de conserver les Romagnes au Pape; il a échoué. Il a tenté plus sérieusement encore de lui maintenir le possession des Marches et de l'Ombrie; ses efforts n'ont pas été plus heureux. Comment, par le traité du 15 septembre, s'imagine-t-il sauvegarder d'une manière plus fructueuse les derniers débris du territoire pontifical? Comment ses insuccès passés lui font-ils croire à un succès futur? Par quelle logique espère-t-il que le mépris des stipulations de Villafranca et de Zurich, que le dédain de tous nos conseils assurera le respect de sa convention nouvelle?

Cette convention, elle mène à la chute certaine du pouvoir temporel, chute momentanée, je le sais bien, car la dernière victoire nous appartiendra, mais nous aurons des épreuves douloureuses, terribles peut-être à traverser, et voilà pourquoi je viens, plus encore en bon citoyen qu'en fidèle catholique, supplier le gouvernement de s'arrêter dans une politique désastreuse, qui n'est pas celle de nos traditions, qui n'est pas celle de ses propres débuts, et qui, en semblant n'atteindre que le faible pouvoir de la Papauté, ébranle et compromet avec le gouvernement la société tout entière.

Aux premiers jours de son règne, l'Empereur disait, dans un discours solennel à l'Hôtel de ville de Paris : « Il faut « convier tous les hommes de cœur et d'intelligence à con- « solider quelque chose de plus grand qu'une charte, de « plus durable qu'une dynastie : les principes éternels de « religion et de morale. »

Je demande au gouvernement de ne pas oublier cette belle parole et de ne pas abandonner à tous les vents, à tous les orages la barque du Pêcheur qui porte ces principes immortels !

D'après les dépêches des 12 et 23 septembre de M. le Ministre des affaires étrangères à M. le comte de Sartiges et à M. le baron de Malaret, deux motifs auraient décidé l'Empereur et son gouvernement à signer l'acte diplomatique du 15 septembre : la résolution du roi Victor-Emmanuel de transférer sur un point plus central que Turin la capitale du royaume, ce point n'étant pas Rome, et *les heureux changements* qui se manifestent dans la situation générale de la Péninsule.

Je le demande à M. le Ministre des affaires étrangères : est-il bien certain que le parti révolutionnaire ait désarmé en Italie et que le gouvernement du roi Victor-Emmanuel ait renoncé à toute prétention sur Rome comme capitale de la péninsule unifiée ?

Je me hâte de déclarer qu'en posant cette question à M. Drouyn de Lhuis, je ne mets nullement en doute son entière bonne foi ; je suis heureux, au contraire, de trouver cette occasion de dire tout haut l'estime profonde que m'inspire son caractère et combien j'ai admiré sa conduite lorsqu'un sentiment de noble dignité lui fit naguère abandonner le pouvoir et l'un des plus hauts postes de l'État. Mais quels que soient la bonne foi et l'indépendance de ce conseiller de la couronne, je le crois trop perspicace et trop versé dans la connaissance de l'Europe pour n'être pas certain que, même après avoir écrit les dépêches du 12 et du 23 septembre, il lui reste encore quelques doutes sur la réalité des deux considérations qui ont décidé la signature de la convention.

Où a-t-on vu, en effet, que la révolution ait désarmé en Italie, qu'elle ait abandonné ses plans, qu'elle ait cessé d'influencer, je dirai presque de dominer le gouvernement du roi Victor-Emmanuel lui-même? Garibaldi a été vaincu à Aspromonte, et les sociétés dont il était le chef apparent ont été momentanément dispersées ; mais on connaîtrait bien mal la péninsule si l'on pensait que ces incidents aient diminué l'importance du parti révolutionnaire. Les associations se sont reformées dans l'ombre ; leur organisation couvre tout le pays ; elles ont une caisse, des organes ; Mazzini les inspire, et Garibaldi, plus populaire et plus puissant que jamais, Garibaldi, c'est-à-dire la haine de la France et de la Papauté à leur plus haute expression, est resté leur général et leur idole.

Il existe parmi les révolutionnaires italiens un pacte tacite par lequel ils se sont résolus à *laisser faire l'Italie*, suivant leur expression, par le roi et les modérés, et à n'arborer hautement leur programme que le lendemain de l'occupation triomphante de Rome et de Venise. Dans cet écrit rapide je m'abstiens de toute citation, mais il serait bien facile de démontrer, à l'aide d'aveux imprudents et d'insolentes paroles, la réalité de ce pacte démagogique.

L'Italie n'est donc point changée, et le raisonnement seul suffirait à le prouver si les faits les plus patents ne l'attestaient. Un gouvernement, en effet, ne triomphe de la révolution qu'en professant et en pratiquant les maximes conservatrices. S'il veut faire respecter l'ordre matériel, tout en favorisant les idées subversives, il aura peut-être l'apparence d'une certaine force et d'une certaine autorité, mais il portera fatalement en lui-même le germe de sa destruction. Vouloir opérer le bien par le mal, c'est recommencer l'entreprise tentée chez nous par Caussidière de faire de l'ordre avec du désordre; entreprise impossible qui montre toujours l'instrument éclatant dans la main de l'ouvrier. Il faut choisir entre les deux principes, et quand on s'appuie sur la révolution, on finit par en être tellement enlacé qu'on devient son captif au lieu d'être son guide. C'est l'état actuel du Piémont; il me fait penser à ces dompteurs qui promènent d'une main inquiète des lions dont ils semblent les maîtres, jusqu'au jour où la bête, se retournant brusquement contre eux, les abat et les dévore.

Non, la révolution n'est pas vaincue en Italie ; elle s'efface seulement pour laisser faire ses affaires par le *mouvement royal*, suivant le mot de M. Jules Favre, et quand le jour lui paraîtra venu, elle se dressera maîtresse souveraine de la situation et du royaume.

Reste la translation de la capitale à Florence, présentée à Paris comme une offre spontanée du gouvernement sarde, et en Italie comme une condition imposée par la France.

Je m'étudie à ne jamais être absolu dans mes opinions et j'avoue que si le gouvernement de Turin avait résolument dit : Je renonce à Rome, je m'incline avec respect devant la souveraineté pontificale, j'établis à toujours la capitale du royaume à Florence; je l'avoue, j'eusse considéré ces déclarations comme très-importantes et j'y aurais trouvé un sérieux motif à la décision du gouvernement français. Mais est-ce ce langage qu'a tenu le Piémont? Non-seulement il ne renonce point à la Ville Éternelle, mais il persiste à la revendiquer, et, par toutes ses bouches, il proclame que la cité des Médicis ne peut être qu'une étape vers les Sept Collines!

Ce n'est pas seulement dans la presse, dans les meetings, sur la place publique que ces déclarations se produisent; elles se formulent dans les pièces officielles elles-mêmes, et il suffit, pour être éclairé, de lire le rapport des ministres au roi au sujet du transfert de la capitale. C'est la contrepartie de la convention, et les hommes d'État piémontais

y maintiennent avec netteté toutes les prétentions de l'unitarisme.

« Le gouvernement, dit cette pièce, ne pouvait que promettre de ne pas attaquer le territoire que les troupes françaises avaient occupé, et empêcher que des bandes armées, venues du territoire du royaume, n'attaquassent ce même territoire.

« *Une telle promesse loyalement faite et tenue avec fermeté, ne détruit ni ne diminue, selon nous, le droit et les aspirations de la nation* et maintient seulement le principe de l'application des seules forces morales, de l'emploi de tous les moyens que la civilisation moderne fournit pour le triomphe des idées de liberté et de nationalité.

« Nous avons donc conseillé franchement à V. M. d'accepter un tel engagement comme correspectif du départ des troupes françaises d'Italie, et nous sommes prêts à en assumer la responsabilité devant le parlement et devant la nation.

« *D'un côté, il n'y a rien dans cet engagement qui soit en contradiction avec nos principes*; de l'autre, il aura pour effet de faire cesser cette anxiété qui agitait les esprits et d'établir un intervalle entre la situation actuelle et celle qui doit avoir pour résultat final la réconciliation entre l'Église et l'Italie.

« Nous avons la conviction que les Italiens qui ont donné dans ces dernières années tant de preuves de sagacité et de sagesse *comprendront la convenance de ces accords*, et *appréciant l'extrême importance du résultat obtenu, la cessation de l'intervention française à Rome, approuveront une politique qui doit être prudente aussi bien que forte.* »

Chose incroyable, ce document, qui est la négation même du traité, a été reproduit par le *Moniteur* sans un mot d'explication ni de réserve. Ne l'a-t-on pas lu dans les bureaux du quai Voltaire? C'est la seule supposition admissible, car il soufflette la convention avec tant d'impudence que le journal officiel n'eût pu se dispenser d'un commentaire s'il en avait pesé le texte.

Est-ce tout? Non. Après ce rapport au roi sont venues les indiscrétions du marquis Pepoli, c'est-à-dire du négociateur principal de ce traité. Sa franchise a été plus complète, ses déclarations plus accentuées encore, et le discours de Milan a véritablement déchiré le parchemin scellé aux bords de la Seine. « Le traité, s'est écrié M. Pepoli, *n'a porté atteinte à aucune partie du programme national, et, au contraire, il brise le dernier anneau de la chaîne qui unissait la France à nos ennemis.* »

Voilà l'interprétation du diplomate qui a négocié et paraphé la convention. Nul mieux que lui ne peut savoir quelles instructions il possédait, dans quel esprit il a agi, quel sens son gouvernement prête aux stipulations du 15 septembre. Cet esprit, il le met à jour; ce sens, il le précise, et ses paroles ont ici une autorité que rien ne peut affaiblir. Aussi ce discours, qui déchire les voiles et laisse à nu le fond des choses, a-t-il frappé de stupeur les habiles qui vivent de réticences, de nuages et d'équivoques. La vérité a éclaté, et personne désormais ne saurait plus se méprendre sur le caractère et sur la vraie portée de la convention.

Les deux considérations qui ont déterminé la France à la signer ne soutiennent donc pas un examen sérieux. Le Piémont n'a conclu le traité, comédie nouvelle ajoutée à tant d'autres, que pour obtenir un résultat considérable : le retrait de l'occupation française; et les amis de la Papauté ne peuvent accorder aucune confiance à des stipulations entendues d'une manière si peu rassurante par les négociateurs et les ministres du roi Victor-Emmanuel.

Si les commentaires du traité ne calment pas nos inquiétudes, l'acte lui-même est-il mieux fait pour nous satisfaire?

Le premier point qui saisit l'esprit, c'est que la France a traité du Pape sans le Pape, et qu'en passant avec le roi d'Italie une convention relative aux États pontificaux, elle a reconnu implicitement les prétendus droits de ce souverain sur le domaine séculaire de l'Église. C'est là le fait grave et culminant du traité, et il est impossible de n'en être pas à la fois surpris et attristé. J'ajoute que la question romaine, problème qui intéresse la conscience de deux cent millions d'hommes et le repos du monde, est une question européenne au premier chef, sinon même une question universelle, et qu'il est permis de regretter que tous les États catholiques n'aient pas été appelés à prendre part aux arrangements qui la concernent. L'Empereur lui-même l'avait compris de la sorte quand il avait déclaré, en 1860, qu'un congrès général était seul compétent pour la résoudre. Comment donc a-t-on limité les négociations à la seule puissance dont le Saint-Siége ait à se plaindre? Comment l'ennemi direct du Vatican a-t-il été précisément choisi pour devenir le *factionnaire* du Pontife auguste dont il convoite les dépouilles?

Le traité se compose de quatre articles, mais, par un inconcevable oubli, il ne contient pas la stipulation décisive, la renonciation formelle par laquelle il aurait dû s'ouvrir.

L'art. 3 porte que le gouvernement italien s'interdit toute réclamation contre l'organisation d'une armée papale, composée même de volontaires catholiques étrangers, suffisante pour maintenir l'autorité du Saint-Père et la tranquillité tant à l'intérieur que sur la frontière, pourvu que cette force ne puisse dégénérer en moyen d'attaque contre le gouvernement italien. J'ai lu dans ma vie bien des traités anciens et modernes : je déclare que je n'ai jamais trouvé dans aucun d'eux une disposition aussi contraire au droit des gens. Quoi! voilà deux nations puissantes, toutes deux catholiques, dont l'une est la protectrice du Saint-Siége depuis quinze ans, qui, sans consulter le Pape, décident que ce prince aura le droit d'avoir une armée, indiquent où il pourra la recruter et limitent le chiffre qu'elle ne pourra jamais dépasser! Le Pape est-il souverain ou ne l'est-il pas? S'il l'est, et vous reconnaissez en France qu'il est indispensable qu'il le soit, qui peut l'empêcher d'avoir ou de n'avoir pas d'armée, de la recruter et d'en élever le contingent au chiffre que lui commandent les nécessités de sa défense, que seul il peut apprécier, et les ressources de ses finances, que seul il connaît?

Voilà le droit des gens, mais la situation réciproque de l'État de l'Église et du Piémont rend encore plus grave cet article du traité. Est-ce sérieusement que le Piémont se prémunit contre les dangers possibles d'une armée pontificale? Ah! si je ne m'étais pas promis de garder dans cet écrit la modération que commande l'examen d'un traité signé par le gouvernement de mon pays, je rappellerais qu'il y a quatre ans, le Pape, grâce au concours de mon illustre ami le général de La Moricière, était parvenu à constituer une armée suffisante pour repousser les bandes révolutionnaires, et que cette petite et noble phalange, composée plutôt d'enfants héroïques que de soldats, a été traitreusement écrasée par la masse de l'armée piémontaise! Si l'art. 3 de la convention veut dire que le Piémont s'interdit un autre Castelfidardo, ce n'est pas Rome qui doit de la reconnaissance à la France, c'est Turin; car un gouvernement régulier doit souhaiter qu'une aussi triste page ne se rencontre jamais dans son histoire!

Enfin, par l'art. 4, l'Italie se déclare prête à entrer en arrangement pour prendre à sa charge une part proportionnelle de la dette des anciens États de l'Église. L'Italie ne court pas grand risque d'aggraver la mauvaise situation de ses finances; elle sait bien que le Saint-Siége n'acceptera jamais un compromis de ce genre. Le Pape est pauvre, on ne le sait pas assez, même chez ses enfants les plus dévoués, mais il est le défenseur inébranlable du droit; entrer en arrangement avec le Piémont pour le payement d'une partie de sa dette, ce serait reconnaître implicitement l'usurpation des trois quarts de ses États; il n'y souscrira jamais. Peut-être adressera-t-il un appel à la catholicité tout entière, et pour ma part j'attendrais de cette démarche un peu plus d'efficacité que de son entente avec le Piémont.

Quoi qu'il en soit, et à quelque décision que s'arrête la sagesse du Vatican, la convention du 15 septembre n'est pas de nature à rassurer les catholiques sur le maintien du pouvoir temporel, elle ne renferme en réalité qu'une seule disposition positive: c'est celle du retrait de nos troupes, c'est-à-dire l'abandon de la politique de Charlemagne, de saint Louis et de la seconde République française.

On parle d'unité de vues et la presse officieuse s'efforce d'établir que le gouvernement impérial n'a jamais varié ni dévié. Pour moi, je cherche à mettre d'accord la politique du 15 septembre avec celle dont M. Baroche se faisait le solennel organe, il y a quatre ans, devant les députés du pays, et ma raison ne parvient pas à trouver le lien qui les unit. Sans dire, avec un publiciste qui glisse parfois plus d'une vérité parmi ses paradoxes, que l'expédition de 1859 a été la négation radicale de celle de 1849 (1), il me paraît manifeste que la convention actuelle est la radiation de celles de Villafranca et de Zurich par la main même qui les avait signées, et dès lors l'unité de vues affirmée par *le Constitutionnel* échappe à ma perspicacité.

Pour moi, Rome est livrée, mais je me hâte d'ajouter que je ne crois pas à l'exécution finale du traité. Quoique l'évacuation soit décidée, je demeure convaincu qu'elle n'aura pas lieu et qu'à la dernière heure la France n'abandonnera pas une souveraineté qu'elle-même a reconnue nécessaire en la couvrant quinze années de son drapeau ! Il m'est doux de croire, avec un vieux chroniqueur, que Dieu, dans sa bonté particulière pour notre généreux pays, se plaît à défaire pendant la nuit ce que avons aveuglément fait pendant le jour, et que les événements qui se dérouleront d'ici à la fin de 1866 dégageront le gouvernement de sa parole.

Mais si je me trompais, si un jour les derniers défenseurs du plus grand des monarques par l'autorité morale, mais du plus faible par la puissance matérielle, étaient une seconde fois anéantis par la violence ; si, par cette porte Saint-Pancrace, rougie encore du sang de nos soldats, l'homme que nous avons chassé naguère, le chef des chemises rouges, venait, comme par un arc de triomphe, prendre sa

(1) M. Émile de Girardin. *Presse* du 16 octobre.

revanche de 1849, je le demande, qui ne sentirait son patriotisme se soulever et tout son sang se mettre en révolte?

Aux termes de la convention, en effet, la Papauté ne peut plus être renversée que par l'action intérieure de bandes révolutionnaires. Vous avez préservé le Piémont de cette grande iniquité; si elle devait jamais s'accomplir, il faut bien qu'on le sache, ce serait véritablement la revanche des aventuriers que nous avons expulsés de Rome, et la sévère histoire dirait que, tandis que la République française avait délivré la ville éternelle du joug des assassins de Rossi, le second Empire, à la suite de douze années de règne, aurait volontairement laissé retomber le tombeau des Apôtres sous la domination des séides de Mazzini et de la démagogie européenne.

Ah! je voudrais que ma voix fût plus autorisée pour supplier l'Empereur Napoléon III de ne pas laisser se consommer cette grande injustice. Je lui dirais : Vous voulez le bien de l'Italie, mais vous voulez encore plus le bien du pays qui s'est donné à vous par tant d'acclamations et de suffrages. Le renversement du pouvoir temporel du Pape, c'est l'ébranlement du monde et de toutes les couronnes; il ne s'agit plus de droit nouveau ou de droit ancien, mais des principes mêmes de toute organisation sociale. Le jour où ce vieillard, aussi facile à briser que le roseau, mais qui est la clef de voûte de tout le monde moral, quitterait l'inoffensif balcon de Saint-Pierre d'où il a tant de fois béni les nations, pour prendre le chemin de l'exil, ce jour-là, tous les triomphes remportés sur le désordre seraient effacés, l'heure des grandes luttes aurait sonné, et qui peut dire après quels ravages et quelle série de malheurs elles se termineraient ?

Comme catholique, je ne saurais m'effrayer des tempêtes, sachant bien que la Papauté ne peut périr et qu'elle sortira rajeunie et respectée de ces épreuves. Mais je ne suis pas de ceux qui désirent que le bien sorte de l'excès du mal, et si ma foi est sans inquiétudes, mon patriotisme s'alarme et je tremble pour le repos et la grandeur de mon pays.

La France est la première puissance catholique du monde. C'est une de ses gloires, c'est aussi l'une de ses forces. Ce qui distingue la religion catholique de toutes les autres, c'est son unité sous l'autorité du souverain pontife; protéger le Pape c'est donc faire acte par excellence de puissance catholique, et cette grande mission dont nous avons toujours été fiers, est un honneur justement envié des autres nations. Chacun des grands États s'est fait l'épée d'une idée religieuse : l'Angleterre porte aux extrémités du globe le drapeau du protestantisme, la Russie est le champion du schisme oriental, la Turquie le rempart, croulant il est vrai, de l'islamisme. La France est le soldat du catholicisme; depuis Tolbiac, c'est là son rôle. Y renoncer serait non-seulement oublier les engagements formels du présent, mais abdiquer le rang glorieux qu'elle occupe à la tête du monde chrétien.

C'est donc comme Français surtout que je demande au gouvernement impérial de barrer au Piémont le chemin de Rome. L'Italie ne renonce pas à la Ville Éternelle; elle renonce seulement à certains moyens de s'en emparer. Ce que je demande, c'est qu'elle ne puisse y aller par aucune route ni s'en saisir par aucune fraude. Je le demande avec les hommes d'État les plus éminents, les orateurs les plus illustres, les penseurs les plus profonds, les esprits les moins suspects de partialité, avec M. Laffitte, avec M. de Tocqueville, avec M. Guizot, avec le général Cavaignac, avec M. Athanase Coquerel, avec M. Thiers, avec mon éminent compatriote M. Dufaure, avec Napoléon III, qui a proclamé que « le maintien de la souveraineté temporelle du chef vénéré de l'Église catholique est intimement lié à l'éclat de la religion comme à la liberté et à l'indépendance de l'Italie. »

Je le demande au nom des solennelles promesses que j'ai eu l'honneur de provoquer et de recevoir, au nom de la France catholique, dont je connais les sentiments généreux et qui ne me désavouera pas quand je dirai qu'elle ne laisserait jamais effacer son glorieux titre de Fille aînée de l'Église!

PARIS. — IMP. DE V. GOUPY ET Cᵉ, RUE GARANCIÈRE, 5.

www.ingramcontent.com/pod-product-compliance
Ingram Content Group UK Ltd.
Pitfield, Milton Keynes, MK11 3LW, UK
UKHW020510230726
13925UKWH00005B/2132